J'APPRENDS À DESSINER

Les quatre titres réunis
dans cet ouvrage :
La mer,
La campagne,
La montagne,
Le bord de l'eau,
font partie de la collection
« J'apprends à dessiner »,
aux Editions Fleurus.

J'APPRENDS À DESSINER
la nature

FLEURUS
www.editionsfleurus.com

Sommaire

La mer

La campagne

La montagne

Le sapin

Le bonhomme de neige

L'ours brun

Le téléphérique

La marmotte

Le chamois

Le chalet

La luge

L'aigle royal

Le bord de l'eau

Le saumon

La massette

Le canard colvert

Le saule pleureur

La libellule

La grenouille

Le martin-pêcheur

Le nénuphar

Le héron cendré

À l'attention des parents et des enseignants

Tous les enfants savent dessiner un rond, un carré, un triangle…
Alors, ils peuvent aussi dessiner une fleur, un animal ou une maison !
Notre méthode est facile et amusante. Elle apporte à l'enfant une technique et un vocabulaire des formes dont se sert tout dessinateur.

La construction du dessin se fait par l'association de formes géométriques créant un ensemble de volumes/surfaces. Il suffit ensuite, par une ligne droite, courbe ou brisée, de donner son caractère définitif à l'esquisse.

En quelques coups de crayon, un voilier, un canard ou un sapin apparaissent, un peu de couleur et voici réalisée une belle illustration.

Cette méthode propose un apprentissage de la technique et une première approche de la composition, des proportions, du volume, de la ligne. Sa simplicité en fait une méthode où le plaisir de dessiner reste au premier plan.

PHILIPPE LEGENDRE

Peintre-graveur et illustrateur, Philippe Legendre anime aussi un atelier de peinture pour les enfants de 6 à 14 ans.

Intervenant souvent en milieu scolaire, il a développé cette méthode pour que tous les enfants puissent accéder à l'art du dessin.

Quelques conseils

1• Chaque dessin est fait à partir d'un petit nombre de formes géométriques  qui sont indiquées en haut de la page. C'est ce qu'on appelle le vocabulaire de formes. 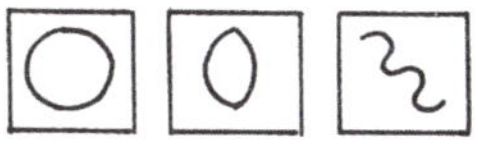 Il peut te servir à t'exercer avant de commencer le dessin.

2• Fais l'esquisse du dessin au crayon  et à main levée. Attention, pas de règle ni de compas !

3• Les pointillés  indiquent les traits de construction qui doivent être gommés.

4• Une fois ton dessin terminé, colorie-le. Si tu veux, repasse en noir  le trait de crayon.

Et maintenant, à tes crayons !

LA MER

VOCABULAIRE DE FORMES

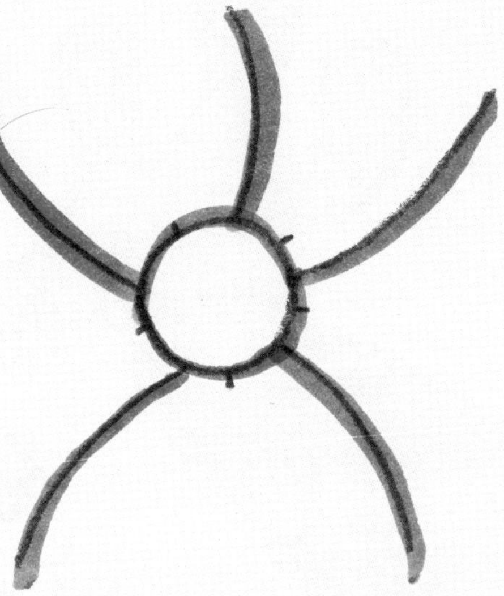

Ce n'est pas la lune…

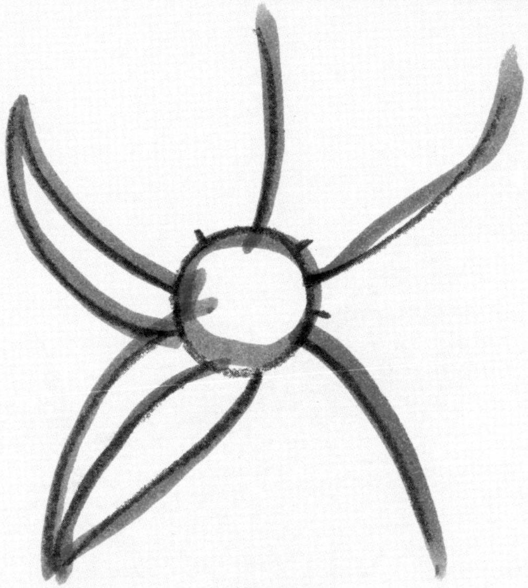

ni le soleil…

mais on la trouve…

dans la mer et dans le ciel.

L'étoile de mer

V O C A B U L A I R E   D E   F O R M E S

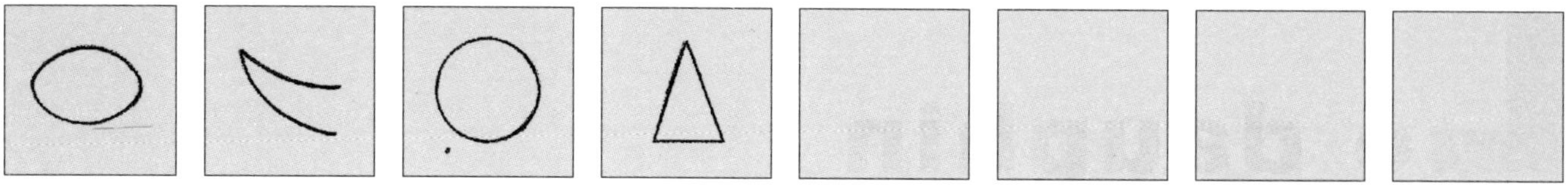

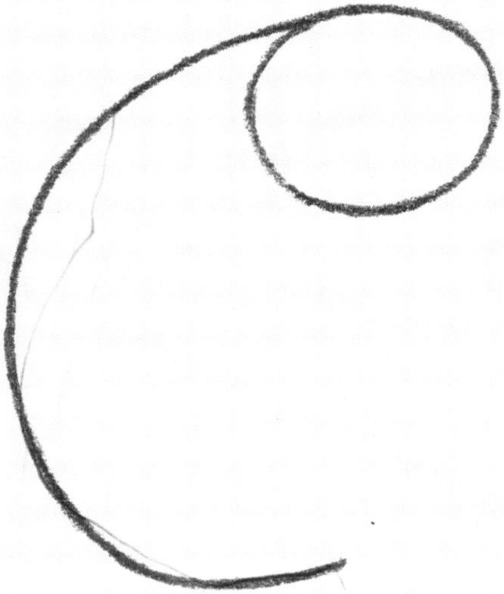

C'est l'ami des navigateurs…

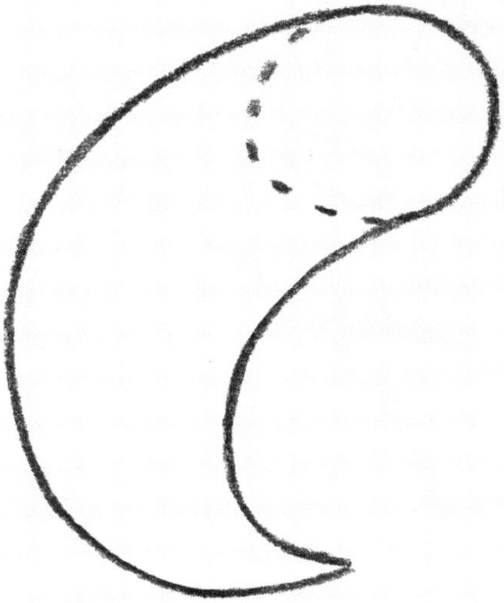

il escorte les bateaux…

et danse sur les vagues.

Le dauphin

V O C A B U L A I R E D E F O R M E S

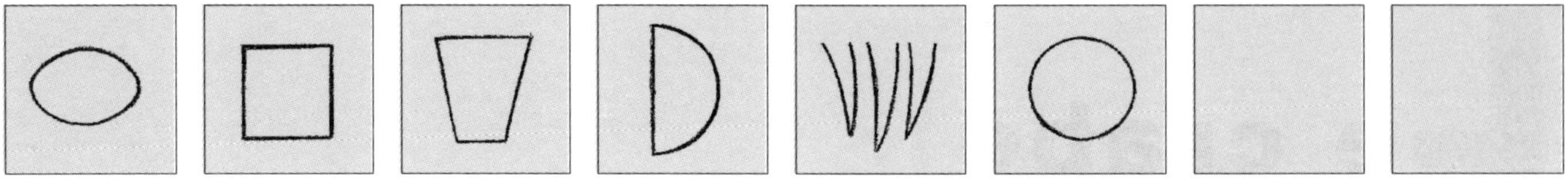

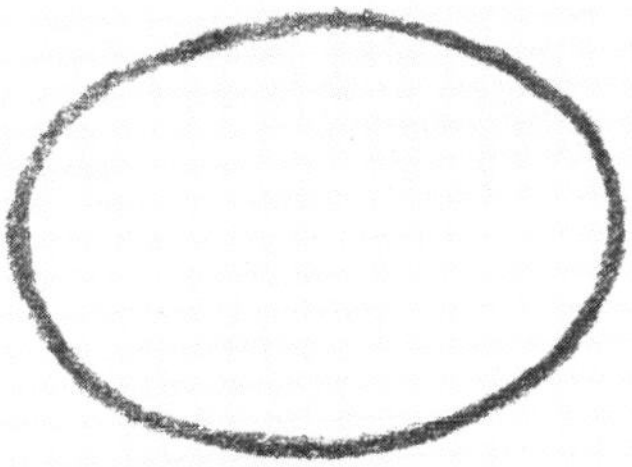

Avec sa carapace…

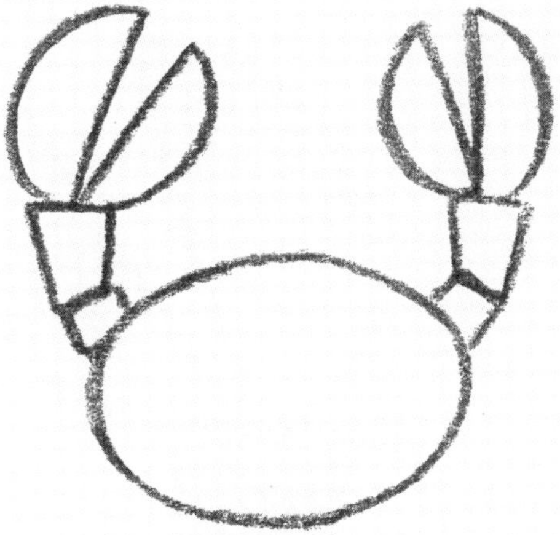

et ses pinces…

comme un bulldozer…

il creuse le sable.

Le crabe

V O C A B U L A I R E D E F O R M E S

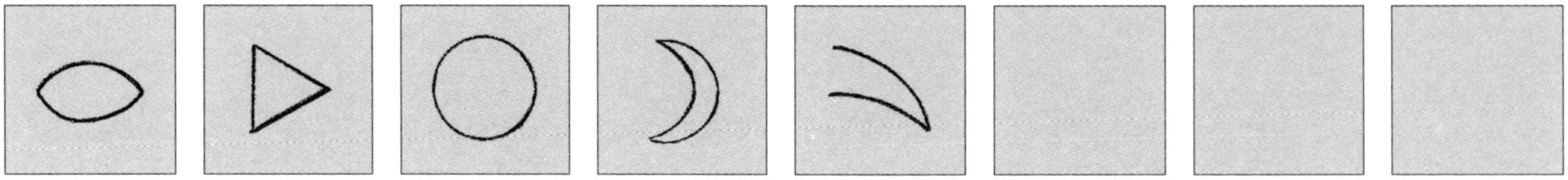

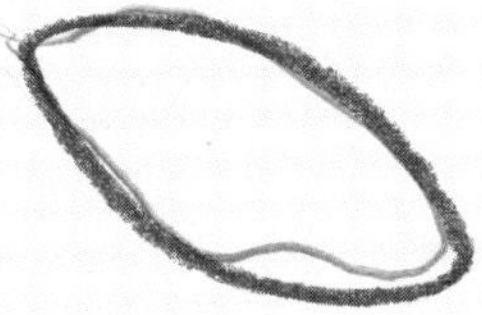

Elle a la tête noire…

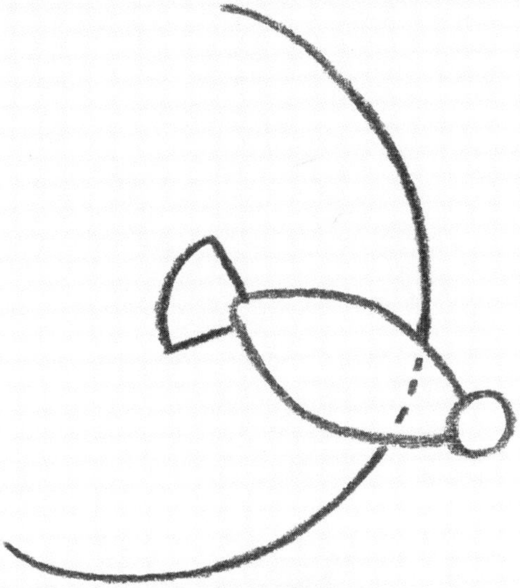

au printemps…

et en hiver…

un bonnet blanc.

La mouette rieuse

V O C A B U L A I R E   D E   F O R M E S

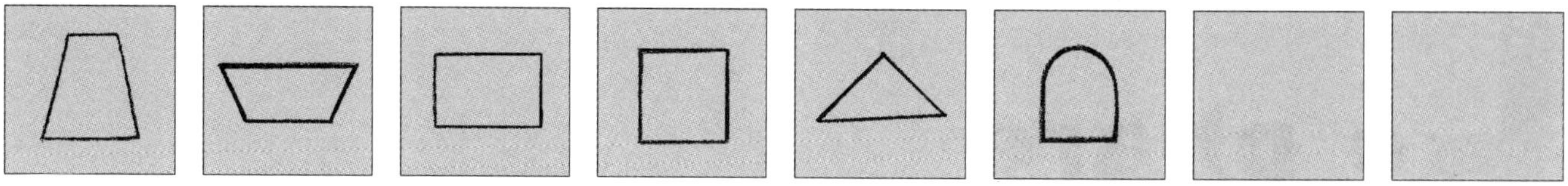

La nuit, il envoie…

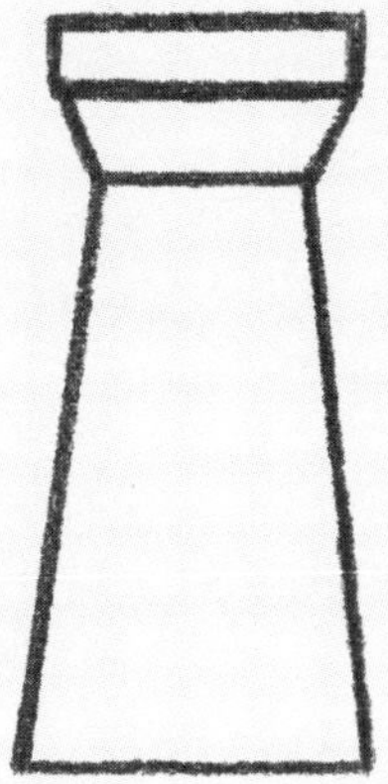

des signaux lumineux…

pour guider…

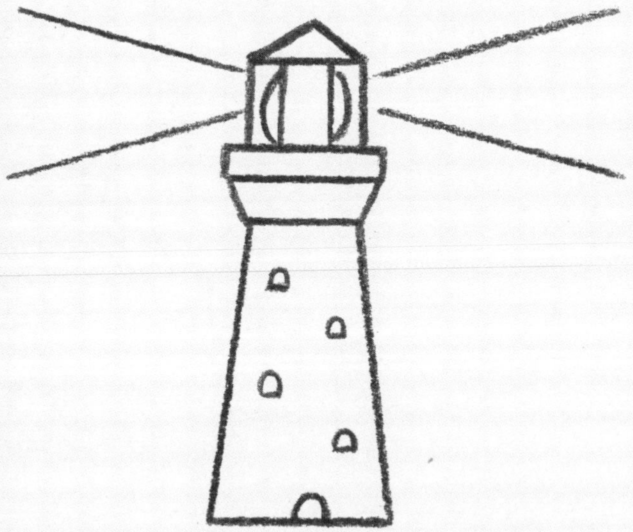

les marins.

Le phare

VOCABULAIRE DE FORMES

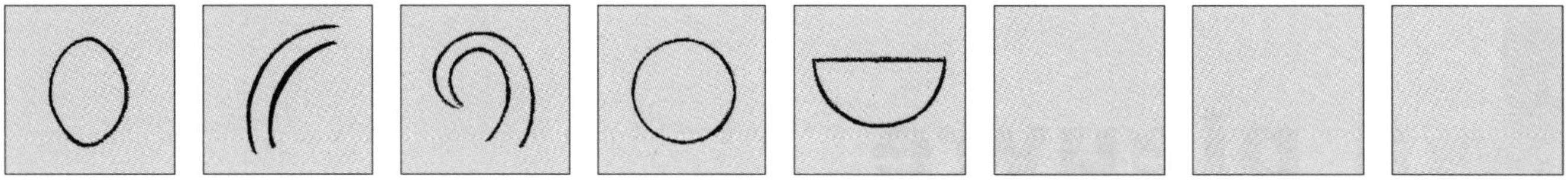

Avec ses huit…

tentacules…

elle ne manque pas…

de bras.

La pieuvre

VOCABULAIRE DE FORMES

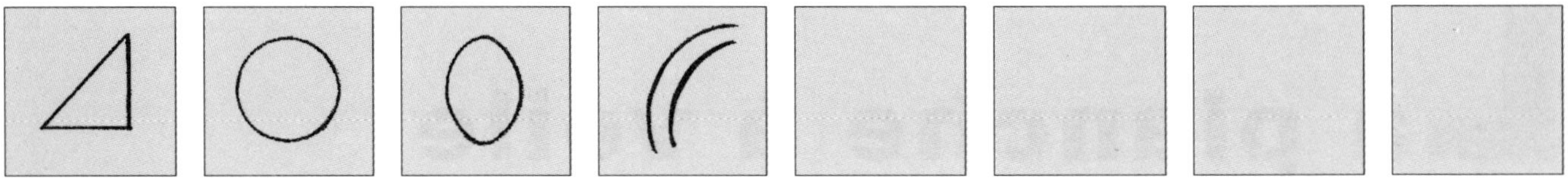

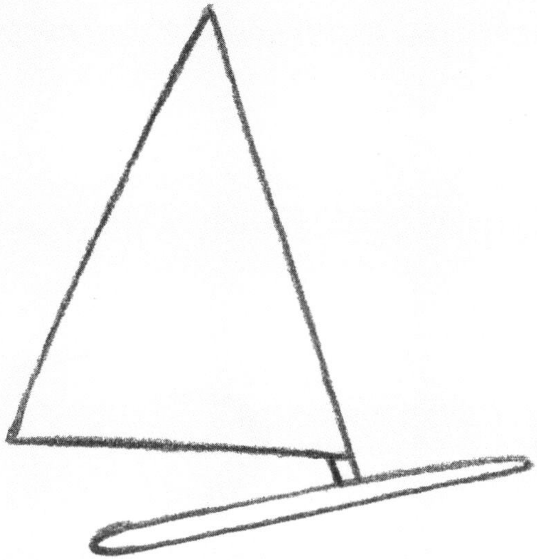

Une planche…

un triangle de toile…

un peu de vent et on glisse…

sur la crête des vagues.

La planche à voile

V O C A B U L A I R E   D E   F O R M E S

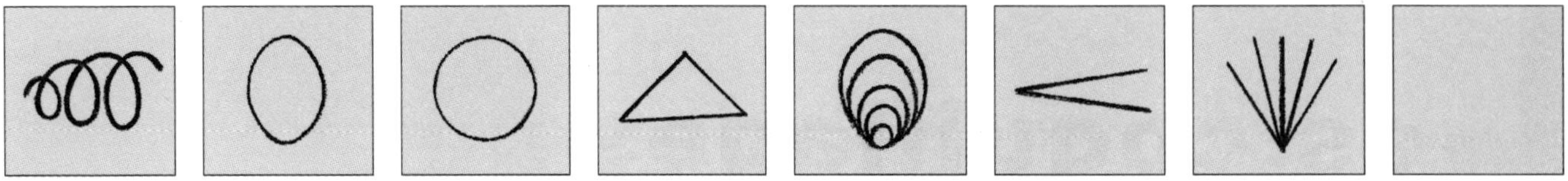

De toutes les formes…

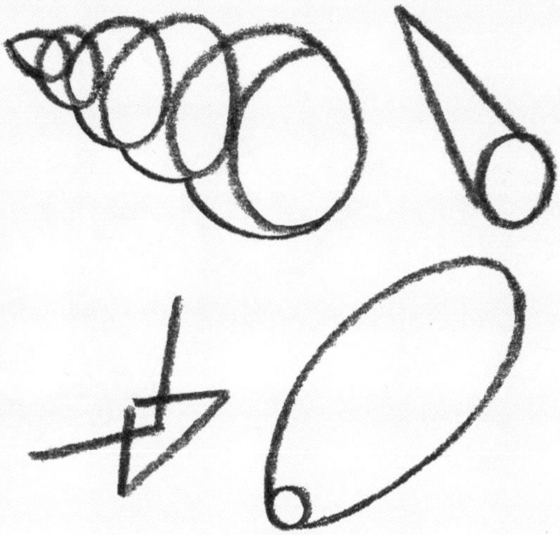

de toutes les couleurs…

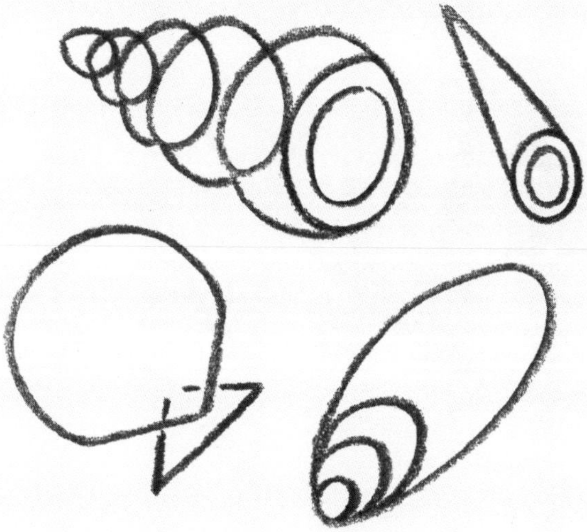

ils font la joie…

des collectionneurs.

Les coquillages

V O C A B U L A I R E   D E   F O R M E S

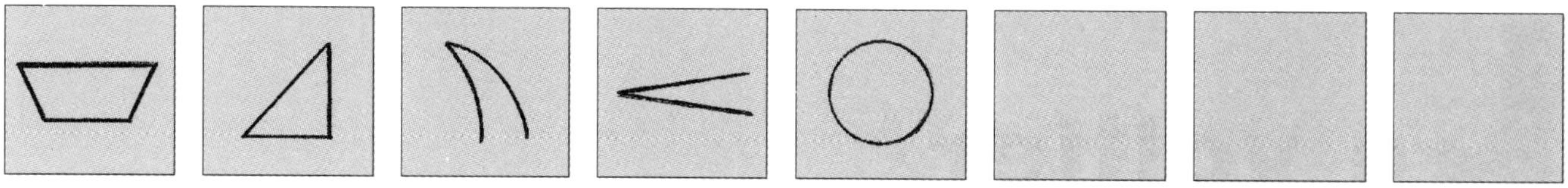

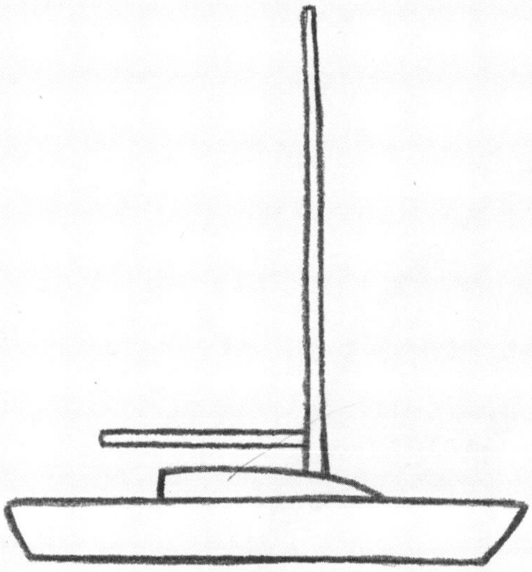

Une coque…

un mât…

des voiles…

et vogue vers le large.

Le voilier

Maintenant tu connais tout de la vie sur la mer et sous la mer.

Alors à tes crayons, mais attention aux vagues !

LA CAMPAGNE

VOCABULAIRE DE FORMES

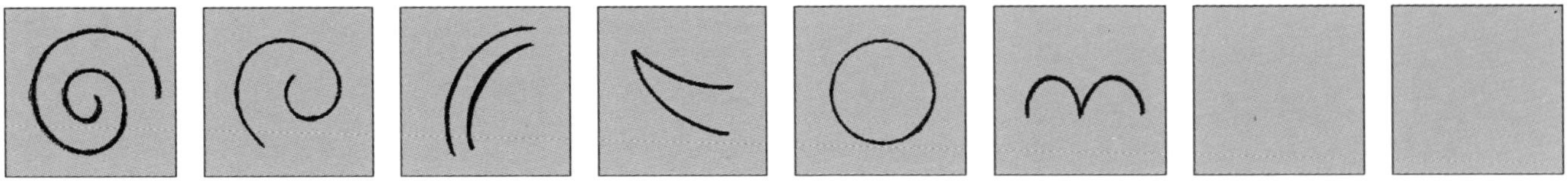

Il sort…

de sa maison…

pour nous montrer…

ses cornes.

L'escargot

V O C A B U L A I R E   D E   F O R M E S

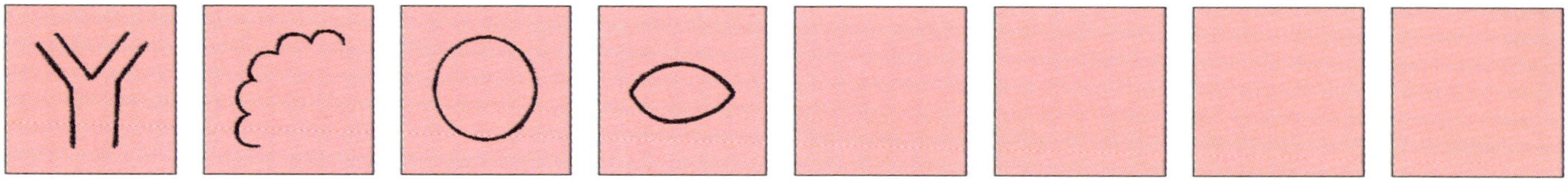

Ses fruits sont jaunes…

ou rouges ou verts…

mais quand il est en fleurs…

il est blanc ou rose.

Le pommier

V O C A B U L A I R E   D E   F O R M E S

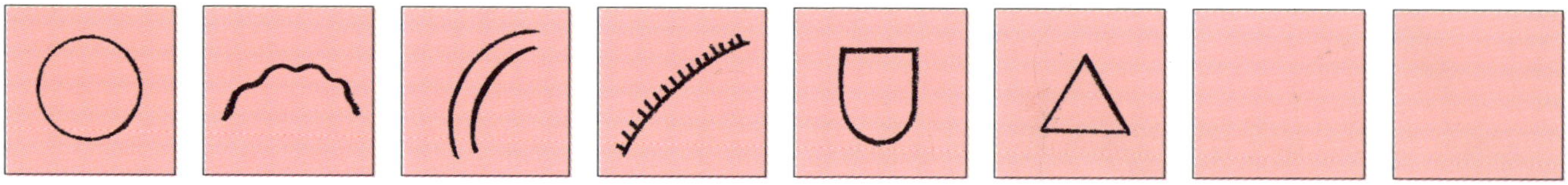

Il sème...

ses pois rouges...

sur la robe...

des champs de blé.

Le coquelicot

VOCABULAIRE DE FORMES

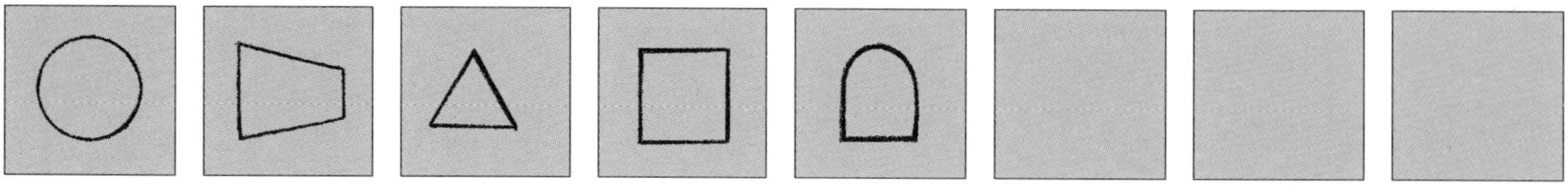

On y portait le blé…

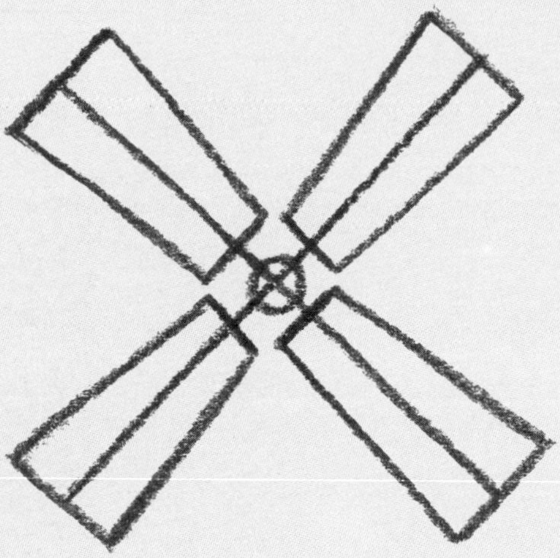

pour le moudre…

et en faire…

de la farine.

Le moulin à vent

V O C A B U L A I R E D E F O R M E S

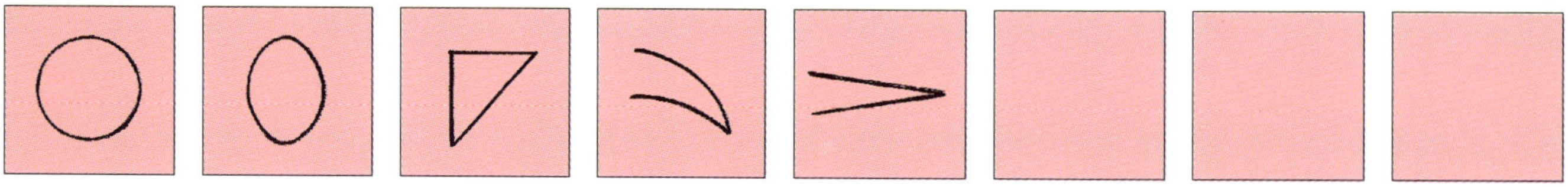

Il picore…

les graines de chardon :

c'est de là…

qu'il tient son nom.

Le chardonneret

V O C A B U L A I R E   D E   F O R M E S

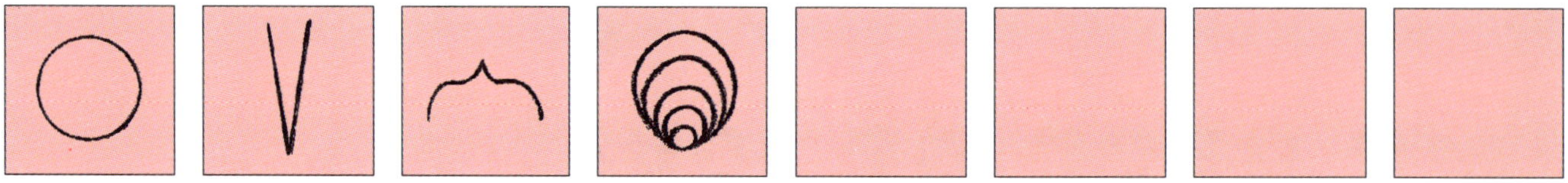

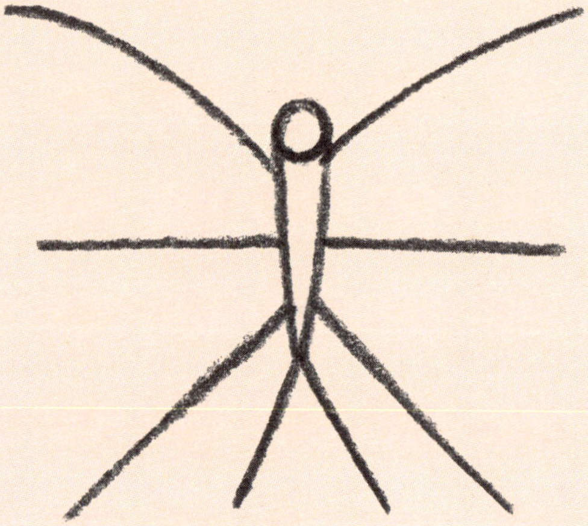

Il porte le même nom…

qu'un oiseau…

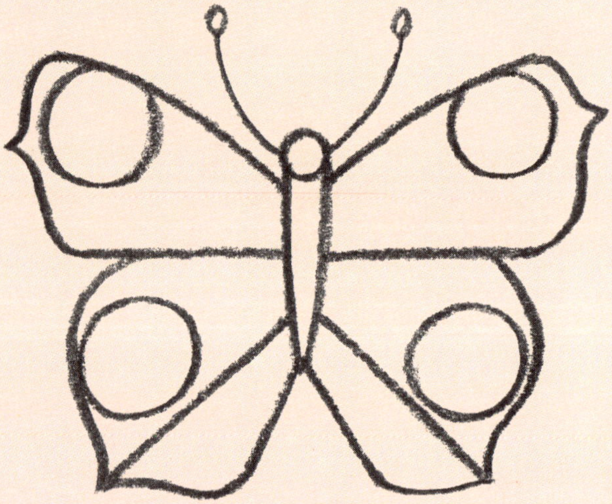

mais il ne fait pas…

la roue.

Le paon de jour

VOCABULAIRE DE FORMES

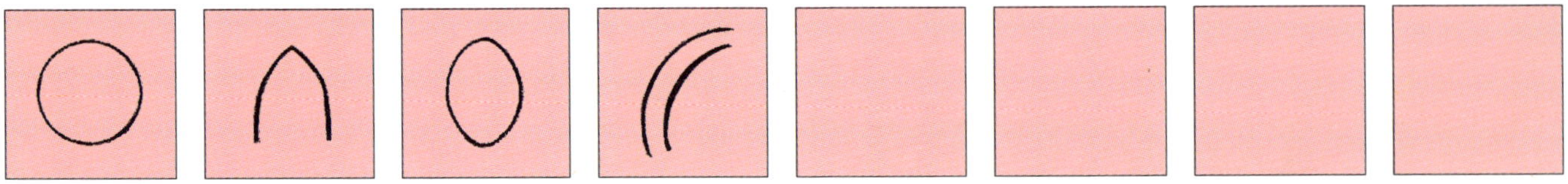

Il tourne…

sa tête…

pour suivre la lumière…

du soleil.

Le tournesol

VOCABULAIRE DE FORMES

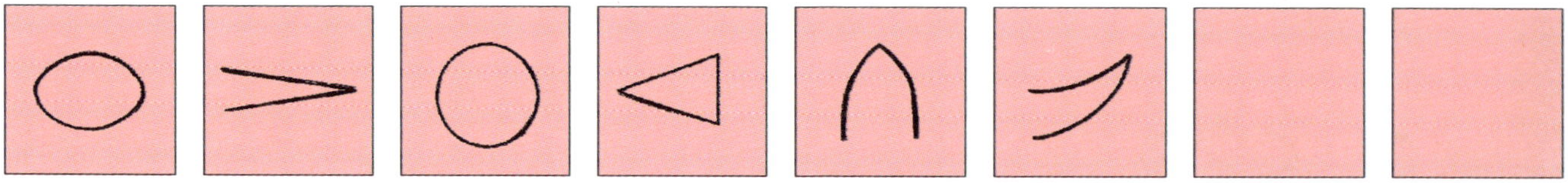

Elle est bavarde…

et parfois voleuse :

elle rapporte dans son nid…

les objets qui brillent.

La pie

V O C A B U L A I R E   D E   F O R M E S

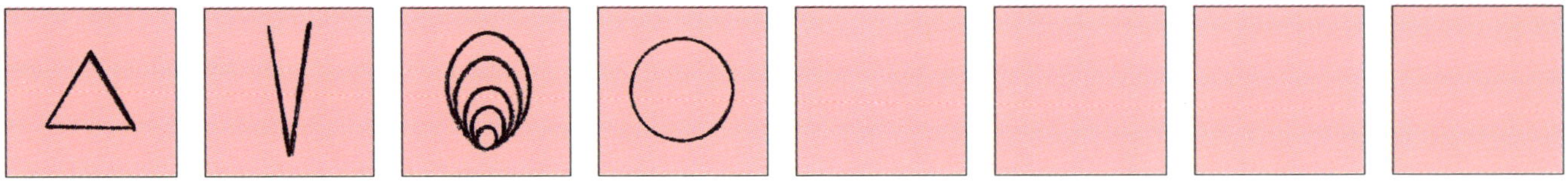

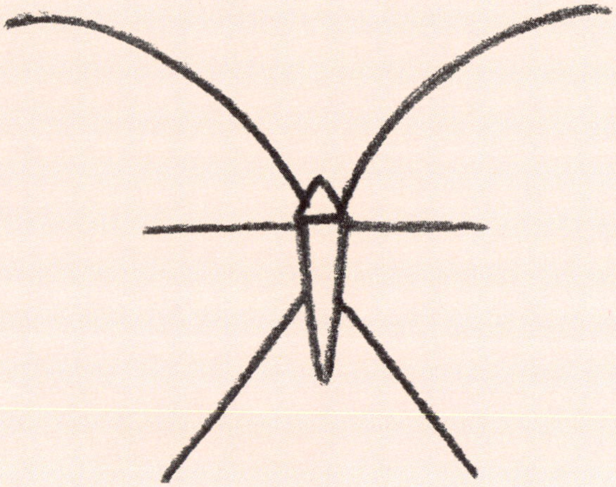

Rayé…

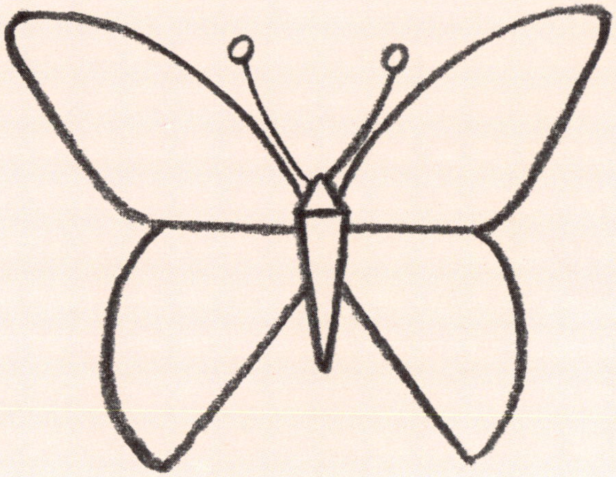

comme un tigre…

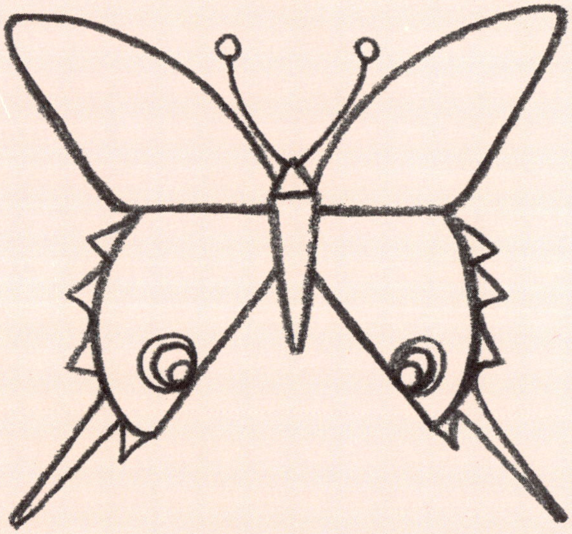

il ne fait même pas peur…

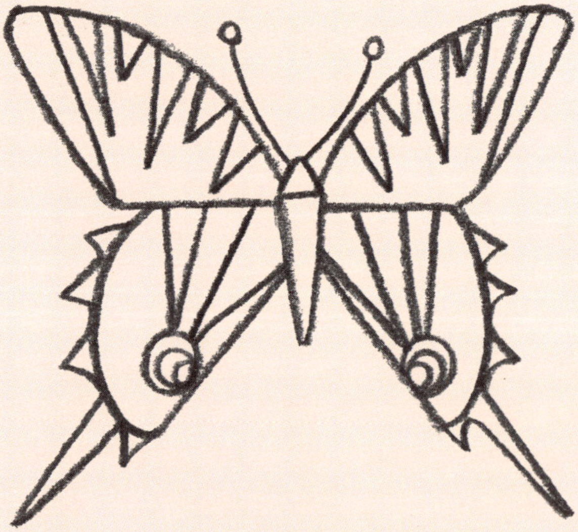

aux fleurs.

Le flambé

Voici l'été; assis sous un arbre,

tu peux dessiner ton petit coin de campagne.

LA MONTAGNE

VOCABULAIRE DE FORMES

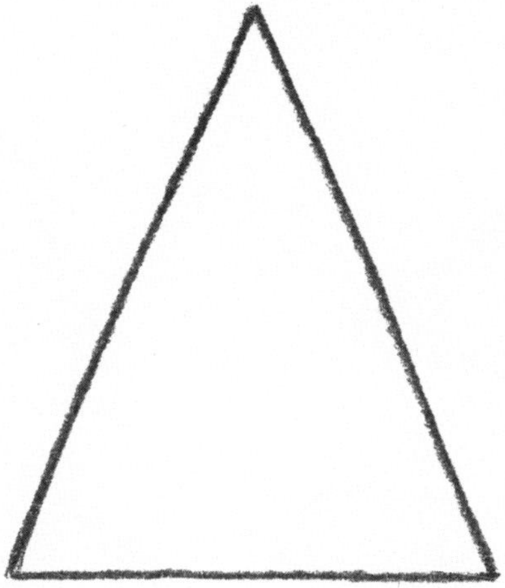

Toujours vert…

même en hiver…

c'est l'arbre

aux cadeaux.

Le sapin

V O C A B U L A I R E   D E   F O R M E S

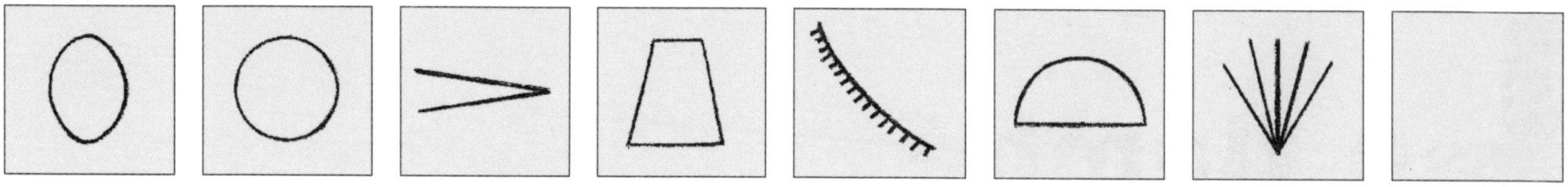

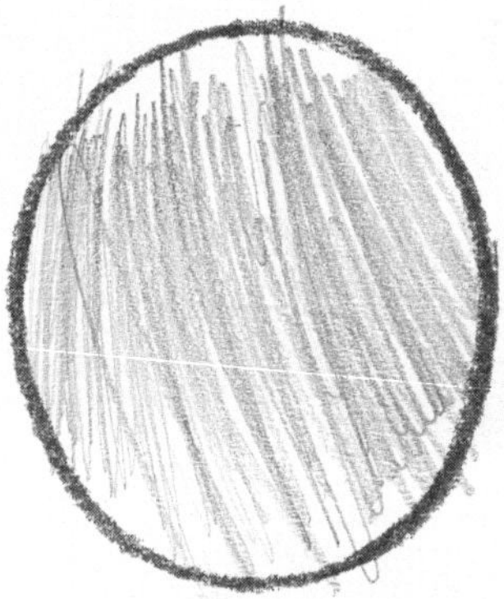

Le froid…

le fait rire…

mais le soleil…

le fait pleurer.

Le bonhomme de neige

VOCABULAIRE DE FORMES

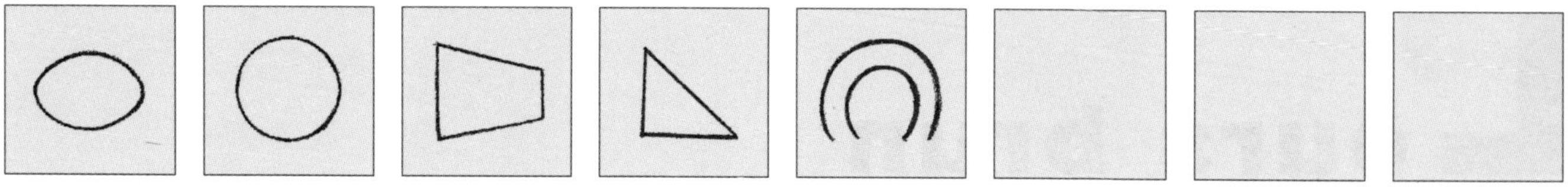

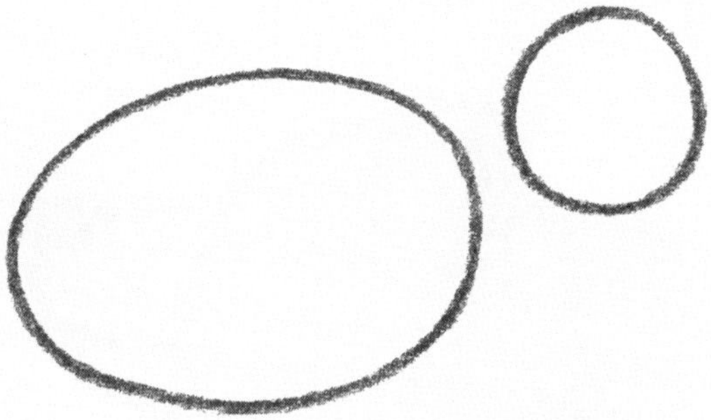

C'est un gourmand :

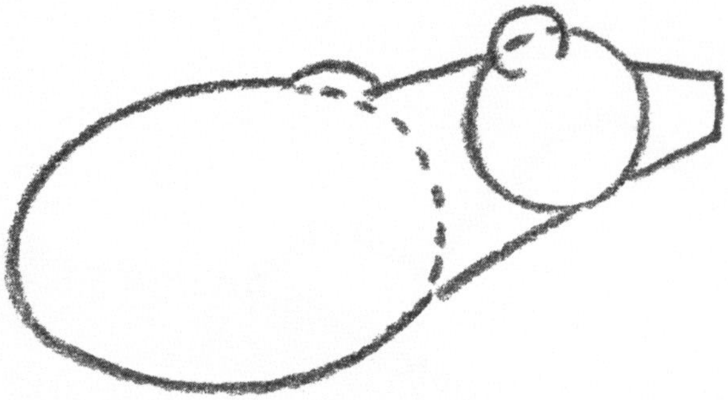

il mange beaucoup de fruits...

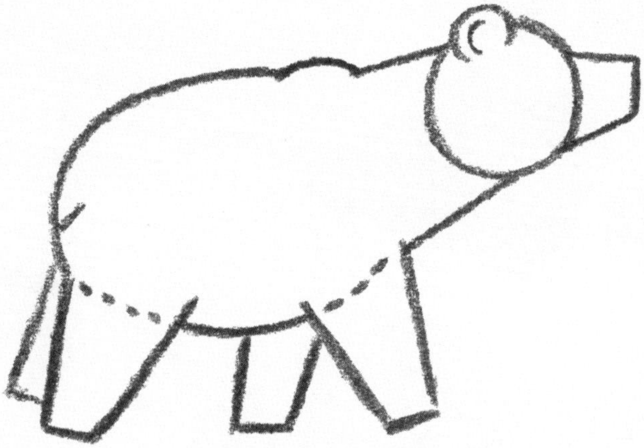

mais le miel...

est son dessert favori.

L'ours brun

VOCABULAIRE DE FORMES

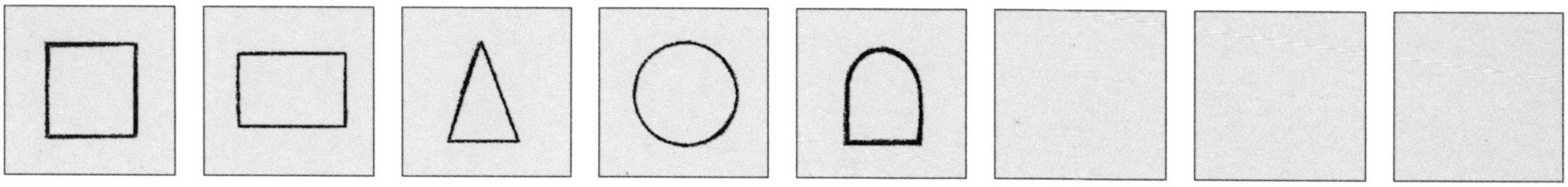

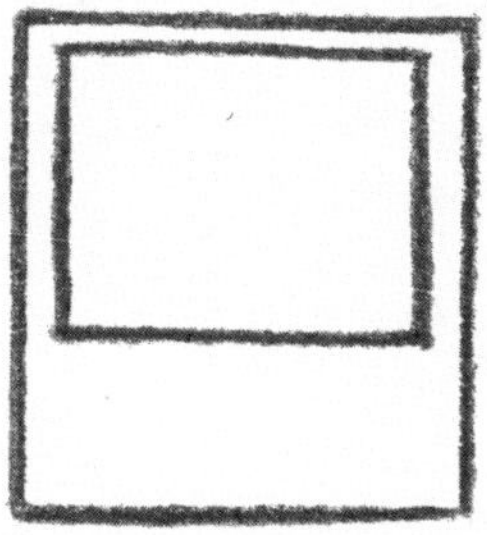

Suspendu à son fil…

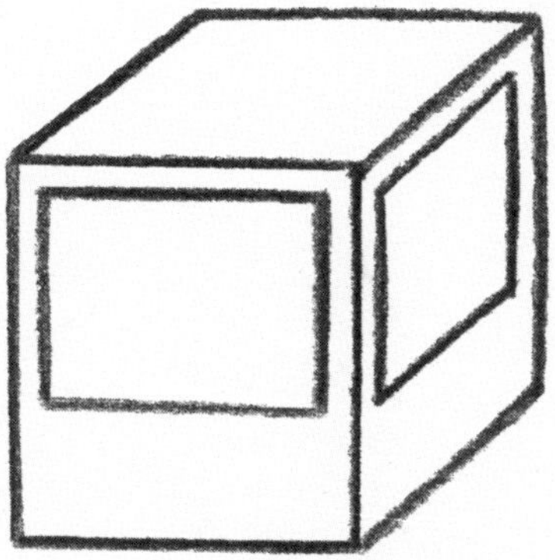

il nous transporte…

en haut…

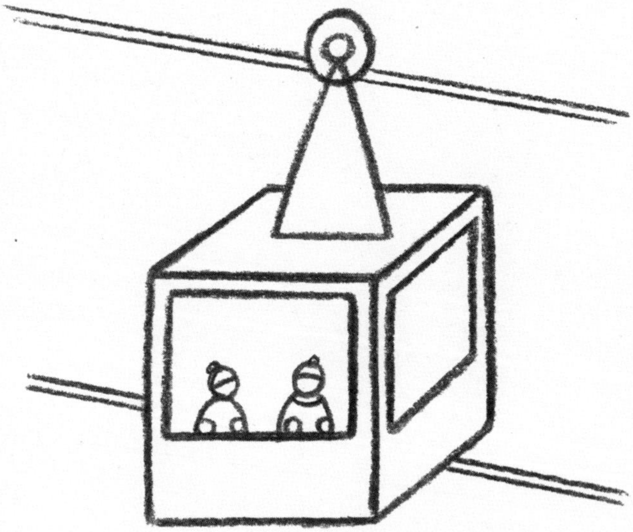

de la montagne.

Le téléphérique

V O C A B U L A I R E D E F O R M E S

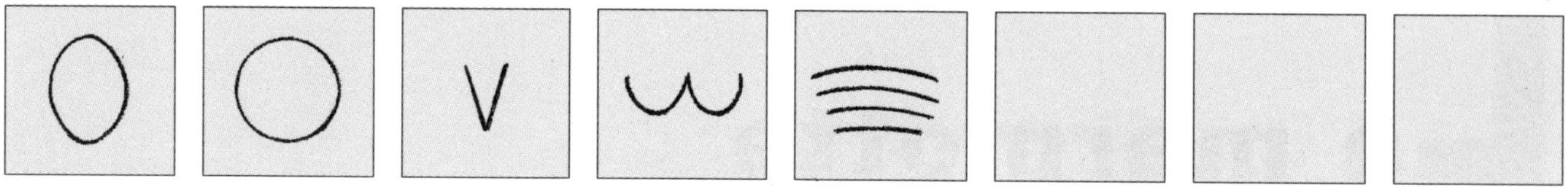

Dès que l'hiver arrive…

elle s'endort…

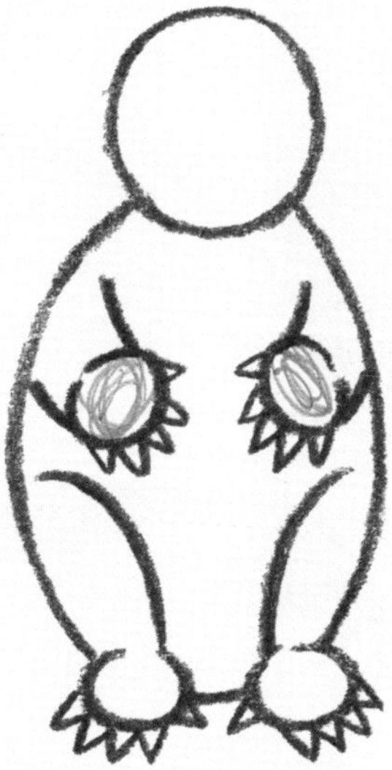

et ne se réveille…

qu'au printemps.

La marmotte

V O C A B U L A I R E   D E   F O R M E S

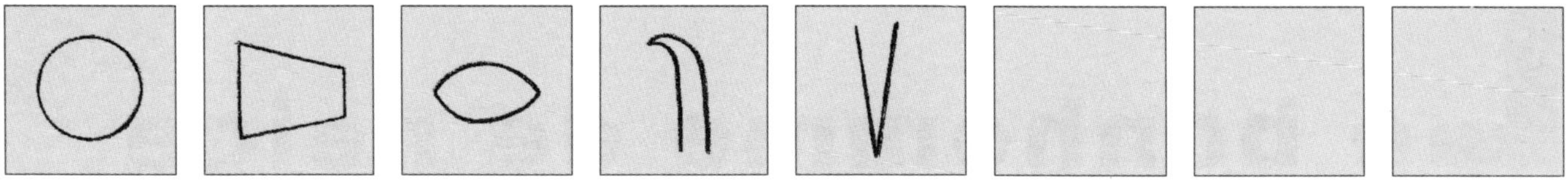

C'est le roi…

de l'équilibre.

Il bondit…

de sommet en sommet.

Le chamois

V O C A B U L A I R E D E F O R M E S

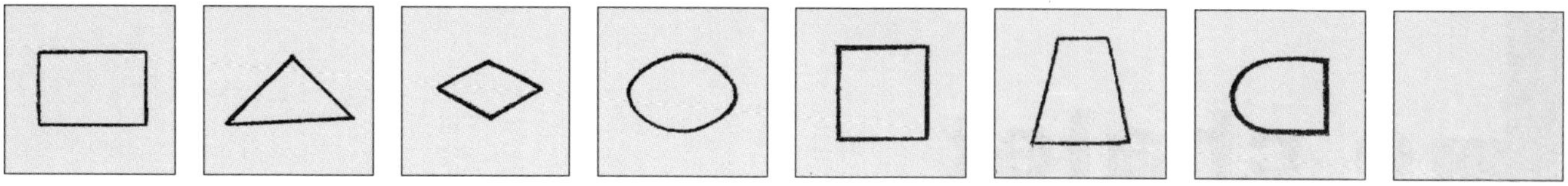

Quand la neige…

commence à tomber…

on est content de s'y retrouver…

devant un bon feu de cheminée.

Le chalet

V O C A B U L A I R E   D E   F O R M E S

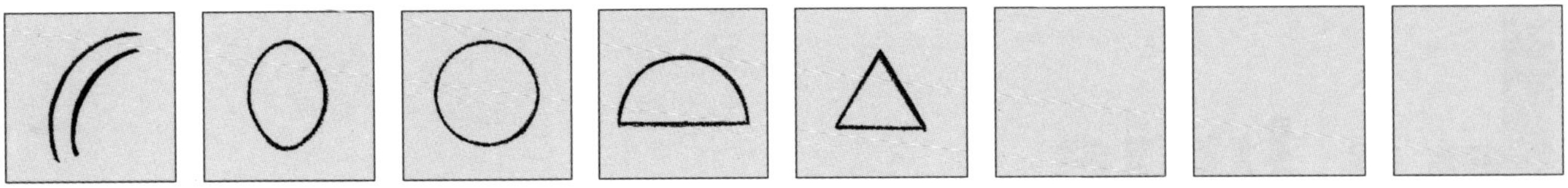

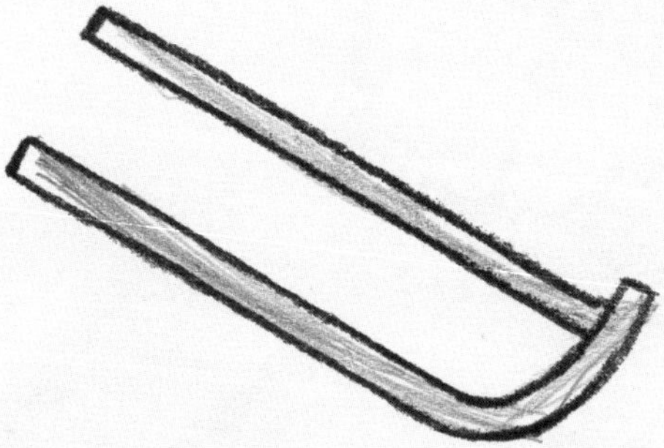

Elle descend…

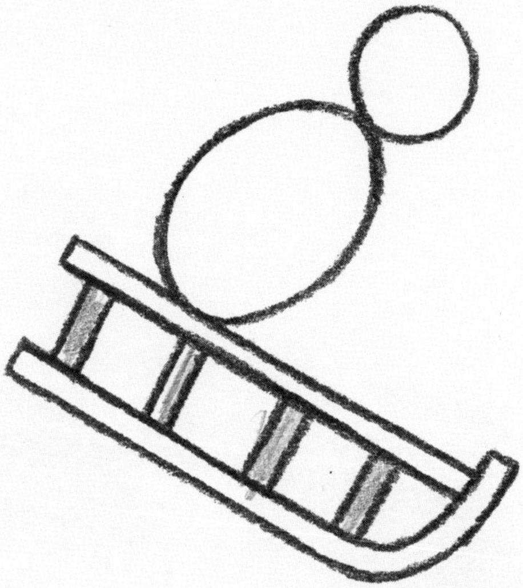

à toute allure…

mais attention…

il n'y a pas de freins !

La luge

V O C A B U L A I R E   D E   F O R M E S

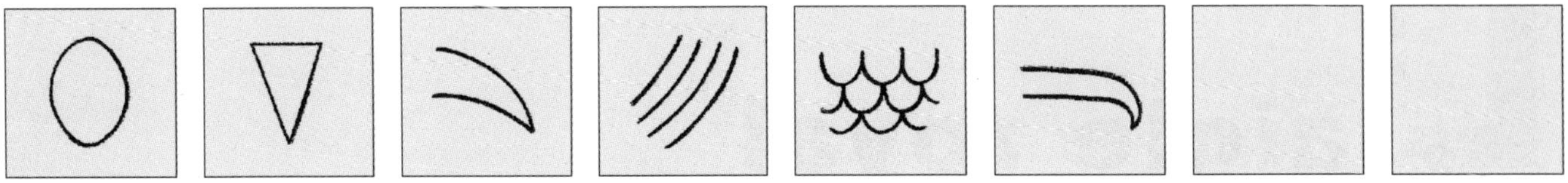

Il plane…

au-dessus des vallées.

Il a l'œil perçant…

et des serres redoutables.

L'aigle royal

Tout est blanc en hiver, mais au printemps tout est vert.

À toi de dessiner la montagne à ta saison préférée.

LE BORD DE L'EAU

V O C A B U L A I R E D E F O R M E S

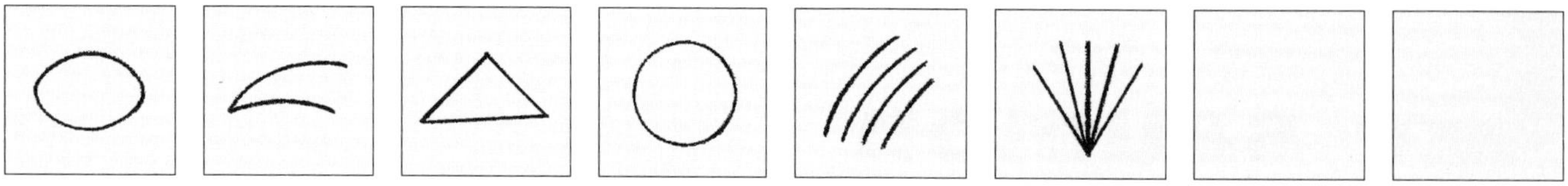

C'est un cascadeur...

qui remonte...

le courant...

en bondissant.

Le saumon

V O C A B U L A I R E   D E   F O R M E S

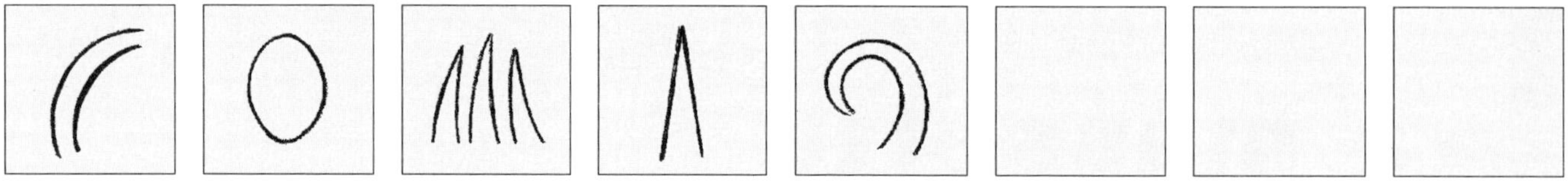

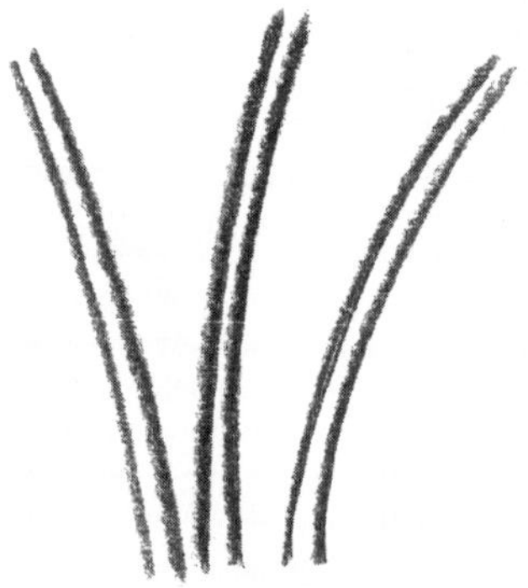

Les pieds dans l'eau…

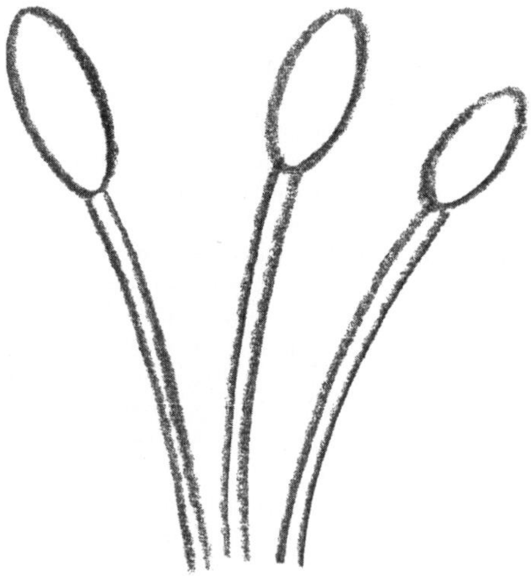

c'est un roseau…

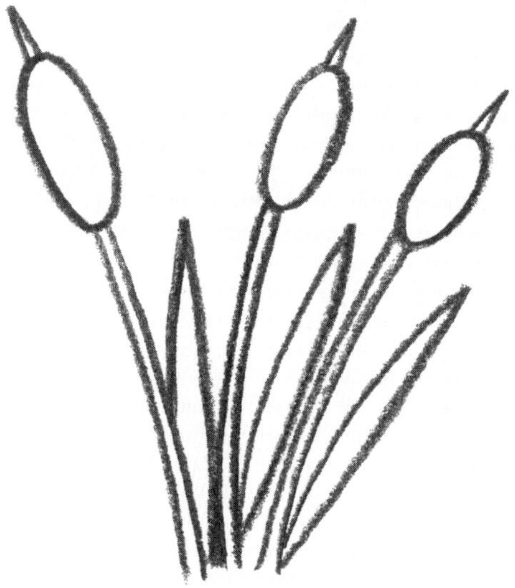

en bonnet…

à poils.

La massette

V O C A B U L A I R E D E F O R M E S

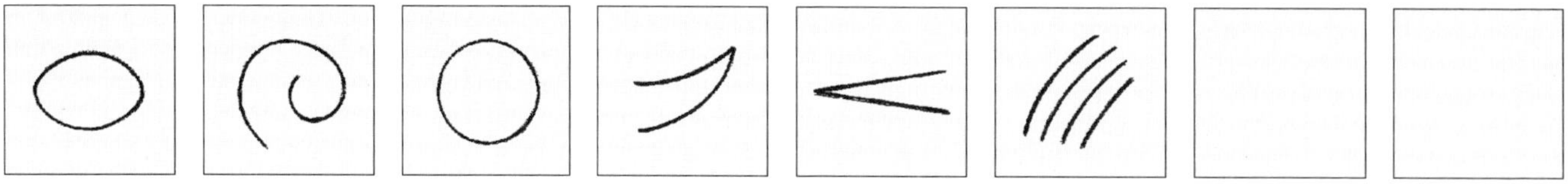

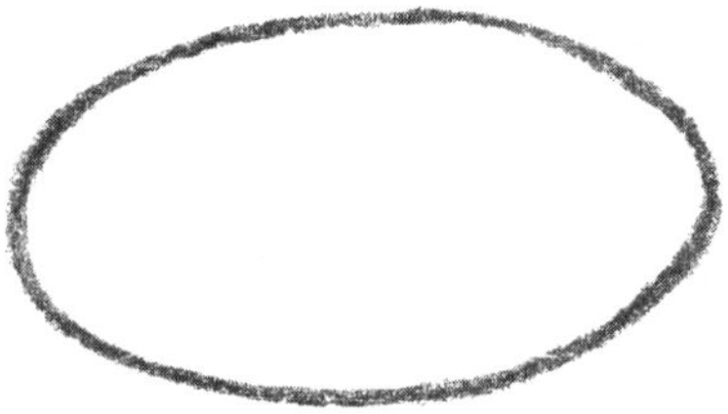

Dans les coins et les recoins…

des rivières et des étangs…

on entend…

son cancanement.

Le canard colvert

V O C A B U L A I R E   D E   F O R M E S

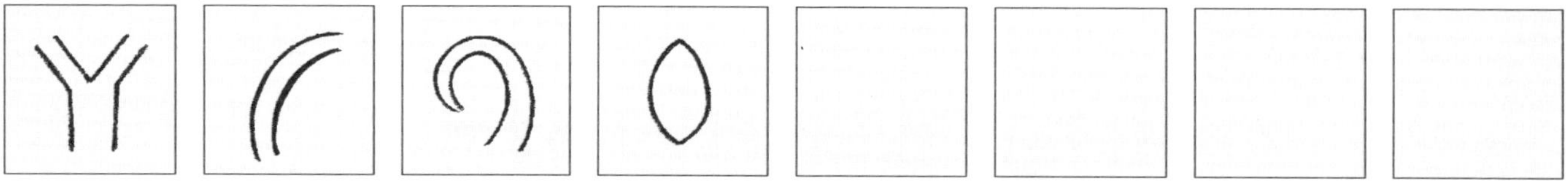

Pour faire de l'ombre…

aux poissons…

il a pris la forme…

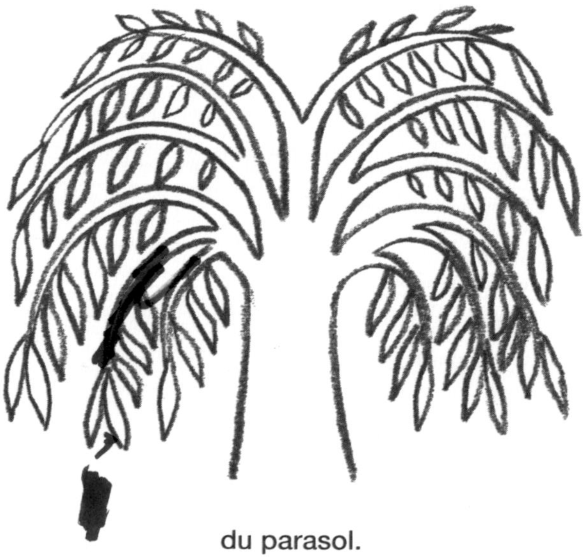

du parasol.

Le saule pleureur

V O C A B U L A I R E   D E   F O R M E S

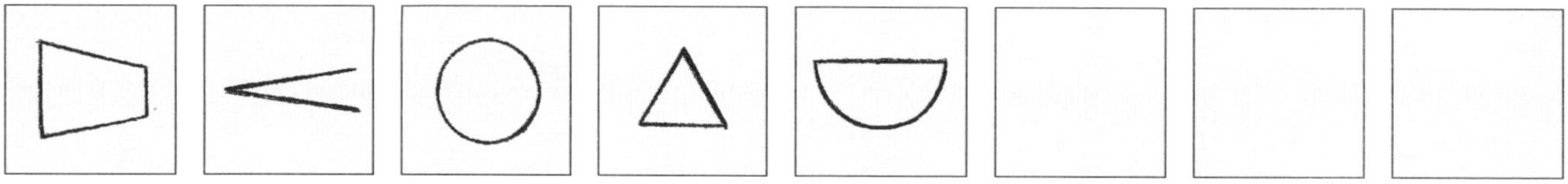

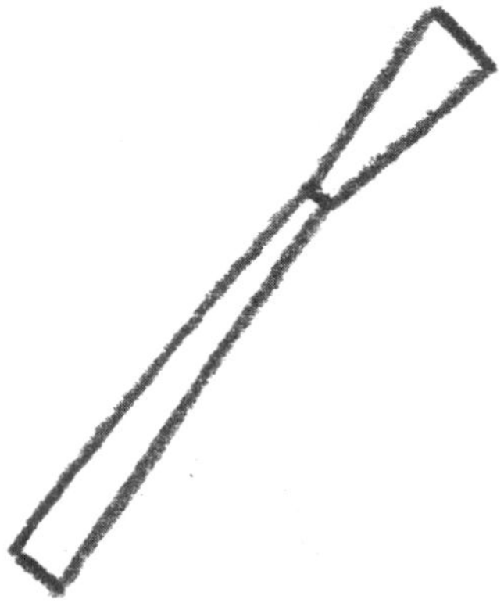

Rapide comme l'éclair…

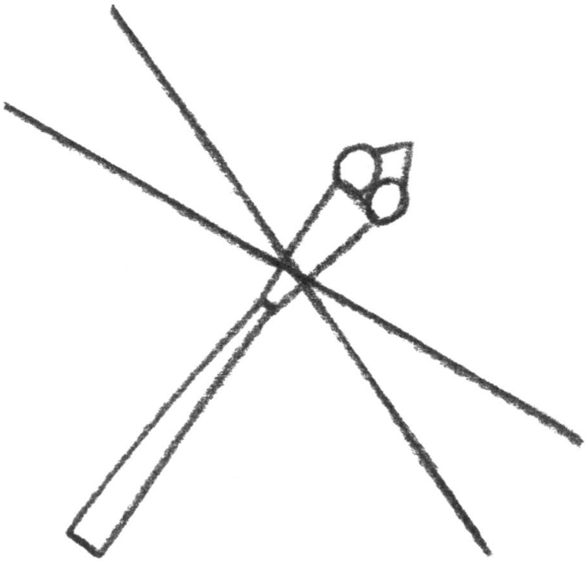

et légère comme…

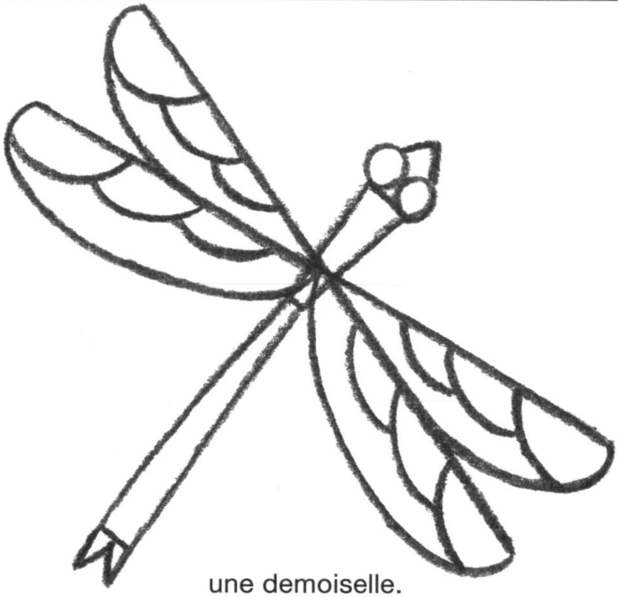

une demoiselle.

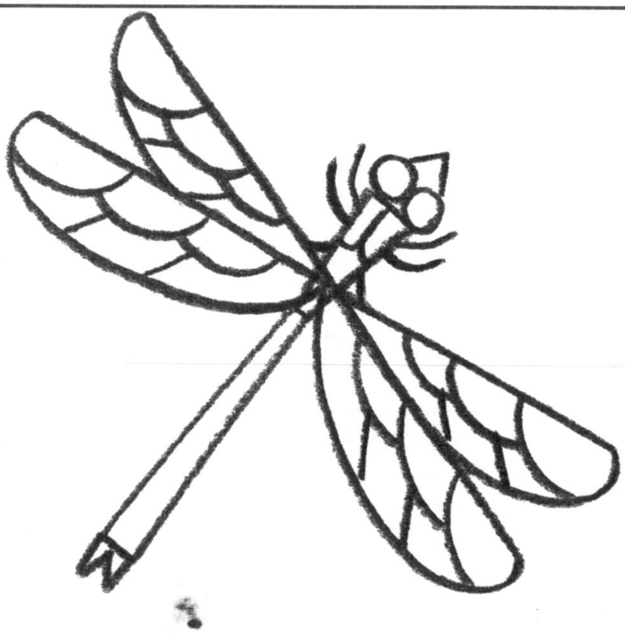

La libellule

VOCABULAIRE DE FORMES

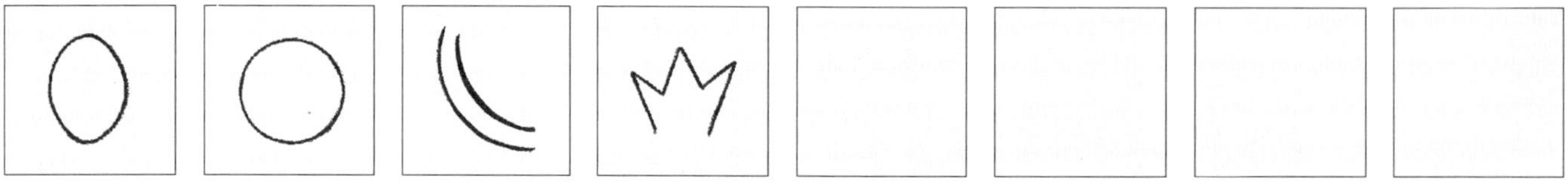

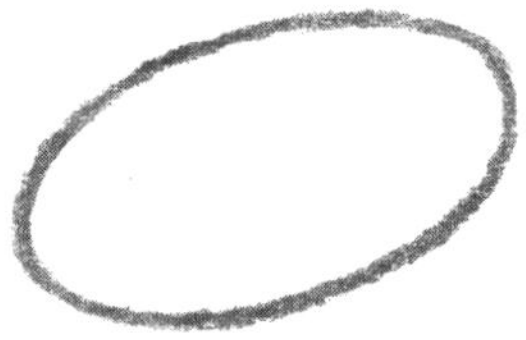

Verte ou rainette…

elle est princesse têtard…

puis reine…

des nénuphars.

La grenouille

V O C A B U L A I R E   D E   F O R M E S

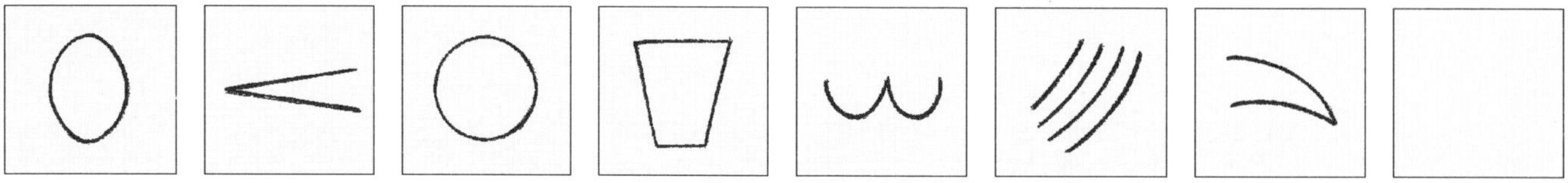

Il n’a pas peur…

de se mouiller…

quand il va…

à la pêche.

Le martin-pêcheur

V O C A B U L A I R E   D E   F O R M E S

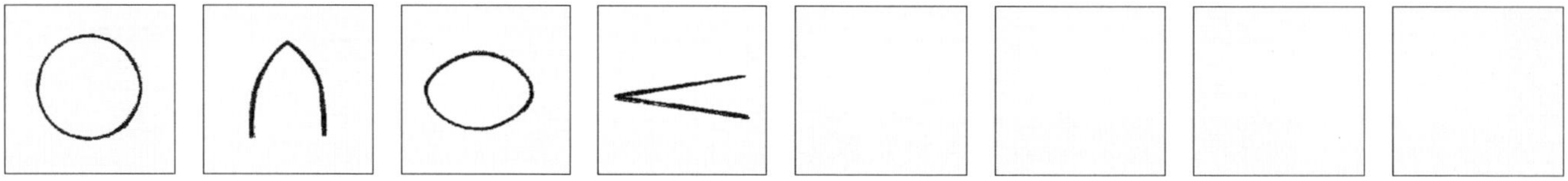

C'est le cousin du lotus...

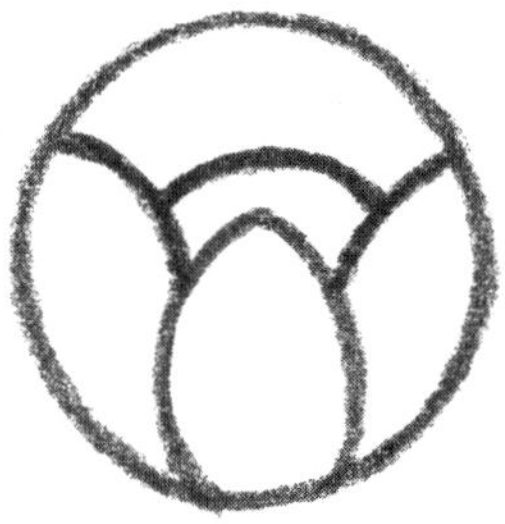

mais il n'est pas bleu*...

plutôt blanc...

ou jaune.

* les passionnés de Tintin auront tout de suite compris !

Le nénuphar

V O C A B U L A I R E D E F O R M E S

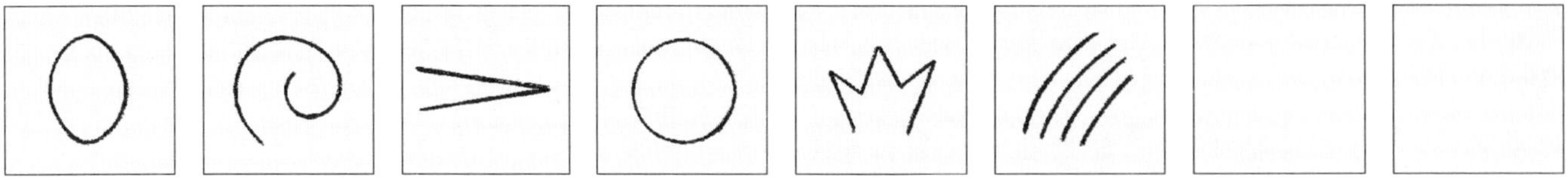

Ses pattes sont…

comme des échasses.

Normal…

pour un échassier.

Le héron cendré

Chut ! Pour découvrir la vie au bord de l'eau,

pas de bruit ou tout le monde s’enfuit.

Direction éditoriale : Christophe Savouré
Couverture : Armelle Riva et Catherine Enault
Conception graphique : Isabelle Bochot
Fabrication : Florence Bellot
Imprimé en France par Qualibris

15/27 rue Moussorgski
75018 Paris
Dépôt légal : janvier 2008
ISBN : 978-2-215-09569-9
Nouvelle édition - n° 92744

Loi n°49-956 du 16 juillet 1949 sur les publications destinées à la jeunesse.

J'APPRENDS À DESSINER

+ de 40 titres parus

une collectio